BEI GRIN MACHT SICH IHR WISSEN BEZAHLT

- Wir veröffentlichen Ihre Hausarbeit,
  Bachelor- und Masterarbeit

- Ihr eigenes eBook und Buch -
  weltweit in allen wichtigen Shops

- Verdienen Sie an jedem Verkauf

Jetzt bei www.GRIN.com hochladen
und kostenlos publizieren

GRIN ☺

Sarah Suchy

Familienform und Erziehungsleistung – Gleichgeschlechtliche Elternschaft

GRIN Verlag

Bibliografische Information der Deutschen Nationalbibliothek:

Die Deutsche Bibliothek verzeichnet diese Publikation in der Deutschen National-
bibliografie; detaillierte bibliografische Daten sind im Internet über http://dnb.d-
nb.de/ abrufbar.

Impressum:

Copyright © 2007 GRIN Verlag GmbH
Druck und Bindung: Books on Demand GmbH, Norderstedt Germany
ISBN: 978-3-638-92716-1

Dieses Buch bei GRIN:

http://www.grin.com/de/e-book/86920/familienform-und-erziehungsleistung-
gleichgeschlechtliche-elternschaft

Carl von Ossietzky Universität Oldenburg

Modul: PB 14 – Strukturen und Prozesse der Vergesellschaftung

Seminar: Elternschaft heute – Gesellschaftliche Rahmenbedingungen und individuelle
Gestaltungsaufgaben

THEMA:

Familienform und Erziehungsleistung – Gleichgeschlechtliche Elternschaft
Referatsausarbeitung

Vorgelegt von: Sarah Suchý

Studiengang: Bachelor Sozialwissenschaften
Semester: 02

Oldenburg, den 28. September 2007

Gliederung und Inhaltsverzeichnis

1. Einleitung

Schon das Thema der Homosexualität an sich bietet der Öffentlichkeit immer noch Anlass zu regen Diskussionen und zwiespältigen Meinungen.

Doch vor allem im Rahmen des vor gut sieben Jahren in kraft getreten Lebenspartnerschaftsgesetzes, gilt es sich auch mit der homosexuellen Elternschaft auseinanderzusetzen, denn diese Form des Zusammenlebens wird durch die gesetzliche Regelung zu einer, zwar nicht komplett neuartigen Familienform, aber dennoch zu einer, die mehr und mehr aus dem Verborgenen an die Öffentlichkeit tritt.[1]

Die meisten Menschen gehen bei homosexuellen Paaren davon aus, sofern sie nicht aus einer vorangegangenen heterosexuellen Ehe Kinder mitbringen, dass sie in ihrer Partnerschaft kinderlos bleiben.

Lesbische Mütter werden hier zumeist aber noch eher von der Gesellschaft akzeptiert als schwule Väter, die schon generell als alleinerziehende Väter mit vielen Vorurteilen zu kämpfen haben.

Im Folgenden wird sich mit verschiedenen Aspekten rund um die homosexuelle Elternschaft beschäftigt.

Begonnen wird mit einigen Zahlen und Definitionen. Auch soll das Lebenspartnerschaftsgesetz etwas näher erörtert werden, da es die rechtliche Basis, auch für eine homosexuelle Elternschaft, beschreibt.

Des Weiteren werden allgemeine Wege zur Elternschaft aufgezeigt, bevor einzeln auf homosexuelle Mütter und Väter eingegangen wird. Der Schwerpunkt wird hierbei auf die schwulen Väter gelegt, da sie wohl die von der Gesellschaft am wenigsten akzeptierte Gruppe darstellen.

Auch die in der Gesellschaft existierenden Vorbehalte und die damit verbundene Stigmatisierung homosexueller Eltern und deren Kinder sollen nicht unerwähnt bleiben.

Das Ziel ist es, zu widerlegen, dass homosexuelle Elternschaft, vor allem für die Kinder, nachteilig ist.

---

[1] Vgl. Eggen, 2002, 215

2. Definitionen und Daten

2.1 Aktuelle Zahlen

Die Angaben der Zahl der in Deutschland lebenden homosexuellen Paare, die Kinder großziehen, schwanken von Literatur zu Literatur enorm. Man kann aber davon ausgehen, dass es sich um mindestens 700.000 handelt.[2] Die Angaben sind deshalb so ungenau, da es gerade bezüglich der Homosexualität einer sehr große Dunkelziffer gibt, da sich viele bisher nicht als lesbisch oder schwul „outen" konnten oder wollten. Es sollen im Jahr 2001 jedoch rund 11.000 Kinder in Deutschland in gleichgeschlechtlichen Elternhäusern gelebt haben.[3] Eine Umfrage ergab, dass sich 40% der homosexuellen Frauen und 30% der homosexuellen Männer ein oder mehrere Kinder wünschen.[4]

2.2 Definition von Familie

Definieren Hill und Kopp[5] eine „Familie klassisch als ‚eine auf Dauer angelegt Verbindung von Mann und Frau ... mit gemeinsamer Haushaltsführung und mindestens einem eigenen (oder adoptierten) Kind'"[6] ist dies eine sehr „heteronormative Konstruktion von Familie, in der das Ideal einer Mann-Frau-Kind(er)-Konstellation immer noch Referenzmodell für alle anderen Formen des Zusammenlebens bleibt."[7]

Allen und Demo[8] beispielsweise beschreiben die gleichgeschlechtliche Familie so: „Lesbian an gay families are defined by the presence of two or more people who share a same-sex orientation (e.g. a couple) or by the presence of at least on lesbian or gay adult rearing a child."

Demzufolge ist es also gleichgültig, ob ein homosexuelles Paar mit oder ohne Kinder lebt, oder ob ein Kind bei einem oder zwei Homosexuellen aufwächst. In beiden Fällen spricht man von Familie.

Heute ist auch der Standpunkt, dass Familie da ist, wo Kinder sind, weit verbreitet.

---

[2] Vgl. Wegener, 2005, 60
[3] Vgl. Eggen, 2003, www.familienhandbuch.de
[4] Vgl. Wegener, 2005, 60
[5] In Wegener, 2005, 59
[6] Wegener, 2005, 59
[7] Ebenda
[8] In Basedow (Hrsg.), 2000, 365

So versteht sich eine gleichgeschlechtliche Lebensgemeinschaft nur als Intimbeziehung zwischen zwei Männern oder Frauen, erst wenn ein Kind an dieser Lebensgemeinschaft Teil hat, wird daraus eine Familie.[9]

„Nur 15% der [...] geringen Zahl zusammenlebender homosexueller Partnerschaften bilden eine Familie."[10]

2.3 Sozialisationsleistungen

„Die Familie ist eine bestimmte Lebensform aufgrund einer Generationsdifferenzierung von Eltern und Kind. Dabei ist es eher zweitrangig, ob eine biologische oder soziale Elternschaft vorliegt."[11]

Die Sozialisation bzw. Erziehung eines Kindes ist mitunter die wichtigste Aufgabe einer Familie.

„Dem Geschlecht der Eltern jedoch dürfte für den Erfolg oder das Misslingen der Sozialisation keine Bedeutung zukommen, zumal sich [...]"[12] die Rollen der Männer und Frauen, sowohl in Beruf, als auch in Familie, immer mehr angleichen. Sozial relevant bei der Erziehung der Kinder und im Verhältnis derer zu dessen Eltern ist die Kommunikation und der soziale Umgang miteinander und offensichtlich immer seltener die Unterscheidung entlang des Geschlechts. Für so eine spezielle Form der Familie, wie die mit gleichgeschlechtlichen Eltern, schlug Laird[13] den Begriff „dual-orientation families" vor. Er bezieht sich dabei auf Familien mit dualer Orientierung, wie zum Beispiel ein lesbisches Elternpaar mit einem heterosexuellen Sohn.

2.4 Konstellationen gleichgeschlechtlicher Elternschaft

Generell lassen sich zwei typische biographische Konstellationen unterscheiden, die die gleichgeschlechtliche Elternschaft betreffen. Die Erste Konstellation umfasst die Lesben und Schwulen, die aus vorangegangenen heterosexuellen Partnerschaften Kinder haben und nun in gleichgeschlechtlichen Partnerschaften leben. Die Zweite Gruppe umfasst diejenigen, die nach ihrem Coming-out ihren Kinderwunsch umgesetzt haben.

---

[9] Vgl. Eggen, 2002, 221
[10] Nave-Herz, 2002, 116
[11] Eggen, 2002, 221
[12] Ebenda, 222
[13] In Fthenakis/Ladwig, 2002, 3

Für die Eltern mit Kindern aus früheren heterosexuellen Beziehungen lässt sich allgemein sagen, dass ein Großteil dieser sogenannten Regenbogenfamilien aus lesbischen Müttern besteht, die mit ihren Kindern zusammenleben, während schwule Väter ihre Kinder aus der vorangegangenen heterosexuellen Beziehung häufig nur vorübergehend, beispielsweise an den Wochenenden, bei sich haben. Schwule Väter müssen in der Regel mit noch größeren Vorbehalten rechnen als lesbische Mütter, was wohl mit der dominanteren Rolle der Mutterschaft zu tun hat, was darin deutlich wird, dass Väter nach einer Trennung allgemein seltener das Sorgerecht ausüben und seltener mit ihren Kindern zusammenleben als getrennt lebende Mütter.[14]

3. Das Lebenspartnerschaftsgesetz (LPartG)

Besonders das Bekanntwerden der Krankheit AIDS zu Beginn der 8oer Jahre führte dazu, dass sich viele Homosexuelle für eine Verbesserung der Partnerschaftsrechte einsetzten, „da diese im Zuge der Krankheit vermehrt zur Sprache kamen."[15]

Das am 01. August 2001 in kraft getretene Lebenspartnerschaftsgesetz (LPartG) setzt die Lebenspartnerschaft unter homosexuellen rein rechtlich fast mit einer heterosexuellen Ehe gleich.

Die rechtlichen Voraussetzungen für den Schluss einer Lebenspartnerschaft sind, dass beide Partner des selben Geschlechts und nicht in gerade Linie miteinander verwandt sind. Außerdem darf, wie bei der Ehe auch, keiner der Partner schon eine andere Ehe oder eine andere Lebenspartnerschaft führen oder minderjährig sein. Ein Nachweis über Homosexualität oder eine sexuelle Beziehung zwischen den Partnern muss nicht erbracht werden. Dies ließe sich wohl auch kaum realisieren.

Auch mit einer Ehe weitestgehenst gleichgestellte Rechte und Pflichten werden im LPartG geregelt. So ist es z.B. auf Wunsch möglich, einen gemeinsamen Familiennamen anzunehmen oder einen Lebenspartnerschaftsvertrag, gleich dem Ehevertrag, abzuschließen. Doch auch bestehen Sorgfaltspflicht und Verpflichtungen zum Lebenspartnerschaftsunterhalt. Ebenso sind die Partner erbberechtigt oder können im Falle einer Trennung Unterhaltszahlungen einfordern.

Auch erhält der Partner/der Partnerin bei mit im Haushalt lebenden Kindern, wofür der andere Partner/die andere Partnerin alleinig sorgeberechtigt ist, die Befugnis eines

---

[14] Vgl. Wegener, 2005, 56
[15] Fthenakis/Ladwig 2002, 1

„kleinen Sorgerechts" zugesprochen, was Mitentscheidungen im alltäglichen Leben des Kindes oder in Notfällen betrifft.

Die einzigen wesentlichen Unterscheidungen zur Ehe liegen hier im Steuer- und Beamtenrecht.[16]

Doch nur eine kleine Anzahl Homosexueller, schätzungsweise 3-4% gehen diese Art der gesetzlichen Bindung auch tatsächlich ein, was auch daran liegen könnte, dass die gesetzlichen Regelungen noch nicht weit genug vorangeschritten sind.[17]

4. Gleichgeschlechtliche Elternschaft

Erst mit Beginn der der 80er Jahre wurden homosexuelle Familien auch von der breiten Öffentlichkeit wahrgenommen.

In den 90er Jahren schien sich dann immer mehr ein zwiespältiges Verhältnis zwischen der Gesellschaft und homosexuellen Familien herauszukristallisieren.

Einerseits sahen sich immer mehr Menschen mit der Legitimation von „Regenbogenfamilien" einverstanden und akzeptierten es, wenn sich Homosexuelle vor Gericht für das Sorgerecht ihrer Kinder einsetzten, doch andererseits erhielten sie genau hier, nämlich vor Gericht, mit die meisten Rückschläge, insbesondere, wenn es um Sorgerechtsentscheidungen ging.[18]

Für Schwule und Lesben, die sich erst nach ihrem Coming-out für Kinder entscheiden sollten, oder aus einer evtl. vorangegangenen heterosexuellen Ehe keine Kinder mit in die Partnerschaft bringen, gibt es unter anderem folgende Möglichkeiten zur Elternschaft:

Zum Einen die des äußerst selten bis gar nicht praktizierten „Co-parentings", bei dem alle möglichen Formen des Zusammenlebens vorstellbar sind, wie z.B. die Konstellation Lesbe – homosexueller Mann oder Lesbe- heterosexueller Mann. Eine Variante davon wäre auch die sogenannte „Vierfach-Elternschaft" (quadra-parenting). Hierbei tun sich je ein lesbisches und ein schwules Pärchen zusammen. Jeweils ein Partner aus den beiden bestehenden Partnerschaften zeugt mit einem der Partner des anderen (befreundeten) Pärchens ein oder mehrere Kinder. Die Kinder leben dann

---

[16] Bundesministerium der Justiz, 2001, http://bundesrecht.juris.de
[17] Eggen, 2002, 229
[18] Vgl. Fthenakis/Ladwig, 2002, 1

entweder abwechselnd bei dem schwulen oder dem lesbischen Pärchen, oder, falls mehrere Kinder gezeugt werden, ausschließlich bei einem Paar.

Beweggründe, sowohl für Männer, als auch für Frauen, könnten unter anderem finanzielle Belange oder das Umgehen langwieriger, komplizierter und oftmals auch aussichtsloser Behördengänge sein.[19]

Schließlich besteht z.b. für homosexuelle Männer noch die Möglichkeit der in Anspruchnahme einer „Leihmutter". Dies ist in Deutschland jedoch nicht erlaubt. Wenn, dann nur, falls dies durch heterosexuellen Geschlechtsverkehr oder ohne die Hilfe eines Arztes zustande kommt.

In Amerika verliert die Mutter in diesem Fall „automatisch" jeglichen Anspruch an das Kind, das nun rechtmäßig vom biologischen Vater aufgezogen wird und ggf. vom nicht biologischen Vater adoptiert werden kann.[20]

In Deutschland ist die Möglichkeit der Adoption mit einigen Schwierigkeiten behaftet, da hier Adoptionen durch nicht Verehelichte nur soweit möglich ist, dass nur einer der Partner als Adoptivelternteil zugelassen wird, da bei unverheirateten nur Einzelpersonen ein Kind adoptieren können, was zudem auch noch äußerst selten vorkommt.

4.1 Lesbische Mütter

Der sogenannte „Gayby-Boom"[21], ein Wortspiel aus den Wörtern „Gay" und „Baby", das für die homosexuelle Elternschaft steht, ist bisher eher unter den lesbischen Frauen verbreitet.[22]

Grund dafür ist wohl die bessere Ausgangslage der Frauen, gegenüber den Männern, da es für sie einfacher ist, ein Kind zu bekommen.

Zum größten Teil bringen lesbische Frauen ihre Kinder aus einer, dem Coming-out vorangegangenen, heterosexuellen Beziehung mit. Hier ist es meistens so, dass Väter, und somit auch Schwule, eher seltener das Sorgerecht für ein Kind zugesprochen bekommen.[23]

---

[19] Vgl. ebenda, 5
[20] Vgl. Fthenakis/Ladwig, 2002, 5f.
[21] Kirbach/Spiewak, 2003, www.zeit.de
[22] Vgl. Hofsäss, in Wegener, 2005, 54
[23] Vgl. Wegener, 2005, 56ff.

Diese Frauen sind meistens geschieden und leben im Durchschnitt häufiger mit einer neuen Partnerin zusammen, als geschiedene heterosexuelle Frauen mit einem neuen Partner.

Lesbische Frauen oder Paare, die ihren Kinderwunsch erst nach dem Coming-out erfüllen wollen, haben mehrere Möglichkeiten.

So können sie z.b. eine Insemination (künstliche Befruchtung) vornehmen lassen, um ein leibliches Kind zu gebären. Hier besteht ein Problem in der rechtlichen Regelung.

Zwar lehnen einige Kassenärztliche Vereinigungen diese Methode ab, da sie der Meinung sind, dass die sogenannte, Regeln der „In-Vitro-Fertilisation", also die künstliche Befruchtung bei kinderlosen *Ehepaaren*, nicht so ohne weiteres auf die bisher ungeregelte Fremdinsemination übertragen werden kann. Jedoch verboten ist auch diese rechtlich ungeklärte Methode in Deutschland nicht.

Die Kassenärztlichen Vereinigungen raten den Ärzten häufig von einer Fremdinsemination ab, mit der Begründung, dass eben dieser durchführende Arzt/die durchführende Ärztin bei einer möglichen Schwangerschaft anstelle des Vaters unterhaltspflichtig werden könne, was allerdings in Deutschland bisher noch nie vorgekommen ist.

Einige lesbische Frauen entscheiden sich auch für einen privaten Samenspender, was jedoch auch wieder Probleme hervorrufen kann, z.B. in wie weit der Spender unterhaltspflichtig ist und Rechte am Kind besitzt. Deshalb wird zumeist eine anonyme Spende bevorzugt, bei der sowohl die Empfängerin, als auch der Spender unerkannt bleiben.

Des Weiteren ist es homosexuellen Frauen auch möglich, ein Kind zu adoptieren oder in Pflege zu nehmen.[24]

4.2 Homosexuelle Väter

Gerade in Deutschland gibt es bislang nur sehr wenige Forschungsergebnisse bezüglich homosexueller Männer oder sogar Vätern. Nur insgesamt sieben Studien befassen sich beispielsweise mit den Gemeinsamkeiten und Unterschieden im Leben homosexueller Männer und deren Sexualverhalten.

Forschungen hinsichtlich der gleichgeschlechtlichen Beziehung und auch der Elternschaft sind fast ausschließlich in den USA betrieben worden.

---

[24] Vgl. Wegener, 2005, 54

Auch findet das Phänomen der homosexuellen Väter allgemein recht wenig Beachtung, da auch über die Häufigkeit quasi keine Daten vorliegen. Viel zu viele Männer haben Angst vor Diskriminierung und dem damit verbundenen Verlusten bestimmter Rechte, wie z.b. dem Besuchsrecht des Kindes bei einer getrennt lebenden Partnerin, sodass sie ihre Homosexualität lieber für sich behalten oder nur heimlich ausleben. „Das Coming-out des Vaters gegenüber dem Kind ist üblicherweise ein sehr emotionales Ereignis. Die Offenbarung der eigenen Homosexualität legt beim Vater Ängste hinsichtlich Zurückweisung, Verletzung oder Schädigung des kindlichen Selbstvertrauens frei."[25] Doch nimmt die Wahrscheinlichkeit zu, dass immer weniger Schwule eine heterosexuelle Ehe/Beziehung eingehen, allein um sich ihren Kinderwunsch zu erfüllen. So sagen US Amerikanische Studien, dass ca. 8-10% der männlichen Population überwiegend homosexuell sind. Davon haben schätzungsweise 10% Kinder. Für die USA bedeutet das, dass dort ca. 1-3 Mio. homosexuelle Väter leben. Wenn man ihnen im Durchschnitt jeweils zwei Kinder zurechnet, kommt man auf 2-6 Mio. Kinder mit einem homosexuellen Vater.[26]

4.2.1 Wege zur Vaterschaft

Wie auch bei den lesbischen Müttern sind die meisten der homosexuellen Väter geschieden und haben Kinder aus einer vorangegangenen heterosexuellen Ehe.

Die Beweggründe, dass sie sich zu einem früheren Zeitpunkt für den Schluss einer Ehe entschieden haben, sind unterschiedlich. Zu einem großen Teil wurden sie sicher durch den sozialen und kulturellen Druck dazu getrieben, vielleicht auch in der Hoffnung, dass ihre homosexuellen Fantasien so mit der Zeit verschwinden würden und sie sich selber „umorientieren" können.

Auch die zu Beginn evtl. noch vorherrschende Unsicherheit über die eigene sexuelle Identität mag eine Ursache gewesen sein. Selten, aber nicht völlig ausgeschlossen, ist es auch einfach nur der Wunsch nach einem unkomplizierten Weg zur Vaterschaft, die sie diese Entscheidung treffen ließ.[27]

Dies ist nur eine und die am häufigsten vorkommende Variante von homosexueller Elternschaft bei Männern.

---

[25] Fthenakis/Ladwig, 2002, 10
[26] Vgl. Ebenda, 3
[27] Vgl. Fthenakis/Ladwig, 2002, 4

Meist ist ihr Coming-out mit der Trennung und auch Scheidung von der Ehefrau verbunden[28], was darauf hinausläuft, dass das Sorgerecht für gemeinsame Kinder fast immer der Mutter zugesprochen wird, da bei Gericht die Mutter oft dem Vater und auch der heterosexuelle dem homosexuellen Elternteil vorgezogen wird. Dies ist für den Mann häufig eine sehr schwere Phase, denn er muss den reduzierten Kontakt zu seinen Kindern und zugleich sein „neues Leben" bewältigen.

Nur ein verschwindend geringer Teil der schwulen Väter erhält das Sorgerecht, so z.B. wenn die Mutter sehr krank ist, unter einer Sucht leidet oder ähnliches.

Doch auch für den Fall, dass der Vater das Sorgerecht zugesprochen bekommt, befindet er sich in einer schwierigen Situation, denn nun hat er das erste Mal die Rolle des primären Versorgers inne, die vorher in den häufigsten Fällen von der Mutter ausgeführt wurde. Zudem ist er alleinerziehend und lebt unter neuen sozialen Umständen.[29]

Auch können homosexuelle Väter den Weg der Adoptivelternschaft wählen, wobei auch dies zur Zeit nur in Amerika möglich ist.

„Dabei stehen die Kinder meist in einem biologischen Verhältnis zum Vater, indem beispielsweise das Kind über eine Leihmutter ausgetragen wird."[30] Dem Partner des Vaters ist es dann möglich, das Kind rechtmäßig zu adoptieren. In Deutschland sind die Methode einer Leihmutterschaft, sowie eine Adoption durch eine homosexuelle Lebenspartnerschaft, wie schon unter 5. erwähnt, verboten. Für viele Homosexuelle scheint hier der einzige Ausweg, ihre sexuelle Orientierung zu verschweigen und sich bei der Adoption eines Kindes als alleinerziehend zu deklarieren. Doch auch hier sind die Chancen einer Adoption gering, da Kinder bevorzugt an heterosexuelle Paare gegeben werden.

Im Gegensatz zur Adoption, können homosexuelle Paare in Deutschland die gemeinsame Pflegschaft für ein Kind übernehmen.[31]

Doch auch hier gibt es ein Beispiel von Sasse[32], dass den Umgang mit heterosexueller (Pflege-) Elternschaft in der Gesellschaft ganz klar definiert. So wurden in Berlin unter dem Motto „Besondere Kinder für besondere Menschen" nur aidskranke Kinder an homosexuelle Männer als Pflegekinder vermittelt.

---

[28] Vgl. Buxton, in Fthenakis/Ladwig, 2002, 4
[29] Vgl. Fthenakis/Ladwig, 2002, 4
[30] Patterson, in Fthenakis/Ladwig, 2002, 4f.
[31] Vgl. Fthenakis/Ladwig, 2002, 5
[32] 1995, 26/27, in Fthenakis/Ladwig, 2002, 5

4.2.2 Studienergebnisse

Auch zur homosexuellen Adoptivelternschaft liegen nur zwei Studien in den USA vor.
So z.b. eine von Sbordone aus dem Jahre 1995, die ergab, dass homosexuelle Männer
mit Kindern eine viel höhere Selbsteinschätzung besitzen und eine positivere
Einstellung zur Homosexualität haben, als ihre kinderlosen Vertreter. Oder etwa eine
Studie aus dem Jahre 1993 von McPherson, die zeigte, dass homosexuelle Elternpaare
viel zufriedener mit dem Zusammenhalt innerhalb der Partnerschaft und der
Arbeitsaufteilung im Haushalt sind, als heterosexuelle. Beide Ergebnisse sprechen also
durchaus für Vorteile einer homosexuellen Elternschaft.[33]

5. Stigmatisierung von Homosexuellen

Homosexuelle bilden eine Minorität, also einen untergeordneten Teil in der
Gesellschaft. Von vielen Menschen werden sie, wie viele andere Minderheiten, als
gefährlich und unwürdig charakterisiert und werden in der und durch die Gesellschaft
immer anders behandelt. Mal werden akzeptiert, mal nur toleriert, mal werden sie
behandelt, wie jeder andere „normale" Mensch auch und ab und an werden sie
diskriminiert. So wissen sie nie vorher, wie ihnen der jeweilige Mitmensch gegenüber
tritt.

Eine Gruppe, die diese Merkmale aufweist, ist besonders gefährdet, Vorurteils- und
Stigmatisierungsprozessen zu unterliegen.[34]

So z.B. erfahren sie von der Gesellschaft im Alltagsleben die Vorurteilshaltung, dass sie
öffentlich verbal beschimpft und abgewertet, oder sogar körperlich misshandelt werden.
Und auch in vielen anderen Lebensbereichen wird ihnen Ablehnungsverhalten
entgegengebracht, wie z.B. bei der Arbeitssuche oder auf dem Arbeitsplatz, bei der
Wohnungssuche, innerhalb der Familie und selten auch im medizinischen Bereich.

Dies sind nur einige der Gründe, warum viele Homosexuelle die Auseinandersetzung
mit Elternschaft Angst macht und dieses, generell als freudig zu betrachtende Ereignis,
von vielen Schwulen und Lesben auch als etwas Beschämendes erlebt wird.

Die Wurzeln von Stigmata und Vorurteilen liegen häufig tief in historisch entwickelten,
kulturellen Ideologien verankert.

---

[33] Vgl. Fthenakis/Ladwig, 2002, 5
[34] Vgl ebenda, 2

Deshalb können sie auch durch aufklärerische und fortschrittliche Forschungsergebnisse in absehbarer Zeit wohl nicht völlig aus der Welt geschafft werden.[35]

6. Exkurs: Gewalt und Gewaltprävention in der Schule

Alltägliche Stigmatisierung und sogenanntes „Mobbing" betrifft die Kinder von Homosexuellen und vielleicht auch die Homosexuellen selbst, outen sie sich schon in ihrer Jugend, besonders im Rahmen des täglichen Schulbesuchs. Physische und körperliche Gewalt bleibt an diesem Ort meist nicht aus.

Diese Gewalt definiert Dan Olweus[36] wie folgt: „Ein Schüler oder eine Schülerin ist Gewalt ausgesetzt oder wird gemobbt, wenn er oder sie wiederholt und über eine längere Zeit den negativen Handlungen eins oder mehrerer anderer Schüler oder Schülerinnen ausgesetzt ist."

Bei den Opfern lassen sich häufig Risikofaktoren nachweisen, die das Kind in diese Rolle drängen. So z.B. „ungünstige" Familienverhältnisse, die von der Norm abweichen, wie eben z.b. homosexuelle Eltern oder eigene Homosexualität.[37]

Wenn man sich die immer stärkere Präsenz dieses Problems der Gewalt an Schulen vor Augen führt, bleibt es natürlich nicht aus, sich Gedanken darüber zu machen, wie eine wirkungsvolle Gewaltprävention zu realisieren wäre.

An oberster Stelle steht sicher, dass man das Selbstwertgefühl und die soziale Kompetenz der Kinder steigern muss, denn es ist bekannt, dass ein geringeres Selbstwertgefühl auch zu mehr Gewaltbereitschaft beiträgt, da es so für einen kurzen Moment kompensiert werden kann.

Hinzu kommt, dass die schulische Umgebung häufig sehr rau und grob wirkt, man sich als Kind nicht damit identifizieren kann, sich nicht wohl oder gar beschützt fühlt. Große, anonyme Betongebäude verdrängen die alten, gepflegten und relativ kleinen Schulgebäude immer weiter.

Wichtig ist es ebenfalls, dass sich die Lernkultur durch vermehrtes Engagement der Lehrer, geringeren Leistungsdruck oder z.B. Schulprojekte weiterentwickelt und der normative Rahmen angemessen gestaltet wird. Dazu gehören das Aufstellen und Einhalten von klugen Regeln, institutionelle Ausstrahlung und neutrale Referees. Das

---

[35] Vgl. Fthenakis/Ladwig, 2002, 2
[36] 1995, 22
[37] Vgl. Hurrelmann, 1990, 363-379

Problem hierin besteht allerdings, dass diese „Schiedsrichter" ihr Handwerk sehr gut verstehen und die gesetzten Regeln auch auf die richtige Art und Weise versuchen durchzusetzen.

Auch das als teilweise ungerecht empfundene Bewertungssystem an Schulen ist häufig Auslöser für Gewalt, durch die angestaute Wut über ungerechte Behandlung abgelassen wird.

Schließlich wäre es ein guter Schritt, wenn eine bessere Vernetzung zwischen den Schulen untereinander, mit Jugendarbeitern, Polizei, Jugendpflege, Beratungsstellen, Sportvereinen usw. stattfinden würde, die ein ebenso großes Interesse an Gewaltprävention teilen, wie die Schule selbst.

Man wäre mit dem Problem an einer Schule nicht mehr alleine, sondern hätte viele stützende Elemente.

7. Mögliche Vorbehalte zur homosexuellen Elternschaft

Vielleicht mag auch die Tatsache, dass derartige Studien kaum existieren und somit der Öffentlichkeit größtenteils unbekannt sind, Ursache für viele Vorbehalte sein, die die Gesellschaft gegenüber homosexueller Elternschaft hegt. Einige sollen an dieser Stelle aufgeführt und widerlegt werden.

Zum Einen ist die Fehlannahme weit verbreitet, dass es ein intensiv verfolgtes Ziel gerade von Schwulen ist, Kinder und Jugendliche zu verführen und dass die Gefahr eines sexuellen Übergriffs durch einen homosexuellen Vater besonders hoch ist, was natürlich auch die Diskriminierungsrate heftig ansteigen lässt. Oft werden Homosexuelle mit Pädophilen gleichgesetzt. Tatsache ist jedoch, dass 90% aller Fälle auf heterosexueller Basis (Mädchen – Mann) stattfinden.[38]

Auch führten SeminarteilnehmerInnen an, dass man immer wieder das Vorurteil hört, dass Homosexuelle zu einem ausschweifenden Lebensstil neigen, was jedoch gerade bei Homosexuellen mit Kindern nicht der Fall ist. Die meisten Schwulen und Lesben, die dieses Klischee bedienen, sehen sich durch die Stigmatisierung durch die Gesellschaft dazu gezwungen, den Partner häufig zu wechseln, da sich eine feste Partnerschaft nur sehr schwer anonym ausleben ließe.

---

[38] Vgl. Fthenakis/Ladwig, 2002, 13

Ebenso werden von vielen Seiten Befürchtungen geäußert, die Kinder homosexueller Eltern könnten eine tendenziell höhere Neigung entwickeln, ebenfalls homosexuell zu werden. Abgesehen davon, dass dies keinesfalls als negativ angesehen werden dürfte, ist auch dies eine Fehlannahme. Denn US Amerikanische Studien kamen zu dem Ergebnis, dass sich Kinder gleichgeschlechtlicher Paare zu 6-9% wie ihre Eltern orientieren. In der Gesamtbevölkerung liegt die Verteilung bei 10%. Somit ist eine homosexuelle Neigung unabhängig von der sexuellen Orientierung der Eltern.[39]

Noch dazu wird z.b. lesbischen Müttern zugetraut, ihre Kinder überdurchschnittliche häufig zu vernachlässigen, da sie das recht auf eine exklusive Partnerschaft haben wollen. Doch sowohl bei hetero- als auch bei homosexuellen Müttern nimmt nicht die Partnerschaft, sondern die Mutterrolle die zentrale Stellung im Leben ein. Lesbische Mütter sollen sogar noch etwas mehr auf das Kind zentriert sein. Studien, die das Gegenteil belegen, liegen nicht vor.

Schließlich sollen „betroffene" Kinder Schwierigkeiten haben, soziale Beziehungen zu gestalten und auch aufrecht zu erhalten, zudem sollen sie diskriminiert und isoliert werden.

Diese Annahme mag sicher für eine gewisse Anzahl zutreffen, vergleichbar mit der Situation von Kindern, die beispielsweise mit einer behinderten Schwester/einem behinderten Bruder aufwachsen. Der Grad dieser Stigmatisierung ist zumeist abhängig vom Alter des Kindes, von der Beziehung zu den homosexuellen Eltern und von der Offenheit, mit der sie ihre sexuelle Orientierung darstellen. Kinder wenden gegenüber anderen, Gleichaltrigen und Freunden häufig Vermeidungsstrategien an, sprich, sie halten z.B. die Homosexualität des Vaters vor Freunden geheim.[40]

---

[39] Vgl. Fthenakis/Ladwig, 2002, 12
[40] Vgl. ebenda, 15

8. Fazit

Allerdings lässt sich abschließend sagen, dass sich diese Vorbehalte, gerade weil sie widerlegt werden können, nicht gegen die homosexuelle Elternschaft, sondern allgemein gegen die Gesellschaft richten müssten, die durch ihre teilweise sehr engstirnige und konservative Denkweise das Eltern-Sein von Lesben und Schwulen erst zu einem Problem, vor allem für deren Kinder, macht, indem sie stigmatisiert und diese Form von Familie als „nicht normenkonform" behandelt.

Denn Fakt ist, dass sich lesbische Mütter und schwule Väter in ihrer Erziehungsfähigkeit nicht von heterosexuellen Müttern oder Vätern unterscheiden.[41] Ganz im Gegenteil wirkt sich die im Allgemeineren zufriedenere Partnersituation von Homosexuellen positiv auf die Entwicklung des Kindes aus.

Es ist also nicht Aufgabe der homosexuellen Eltern, oder derjenigen, die es werden wollen, zu überdenken, ob sie es verantworten können, ein Kind großzuziehen, sondern Aufgabe der Gesellschaft, ihnen anerkennend zu zeigen, dass sie genau so viel oder wenig wie jeder andere auch für eine erfolgreiche, verständnis- und liebevolle Elternschaft geeignet sind.

---

[1] Vgl. Streib-Brzič/Gerlach, 2005, 176

Quellenverzeichnis

Allen, K.R./ Demo K.H.: The families of lesbian and gay men: A new frontier in family research. Journal of Marriage and the Family, 1995, 57, 111-127. In: Basedow, J. et al. (Hrsg.): Die Rechtsstellung gleichgeschlechtlicher Lebensgemeinschaften, Tübingen 2000, S. 351-389

Basedow, J. et al. (Hrsg.): Die Rechtsstellung gleichgeschlechtlicher Lebensgemeinschaften, Tübingen 2000, S. 351-389

Bundesministerium der Justiz, 2001, Gesetz über die Eingetragene Lebenspartnerschaft (Lebenspartnerschaftsgesetz – LPartG), http://bundesrecht.juris.de/lpartg/BJNR026610001.html (Datum des letzten Abrufs: 17.09.2007)

Buxton, A.P.: The best interest of children of gay and lesbian parents. In: Galatzer-Levy, R.M./Kraus, L. (Hrsg.): The scientific basis of child custody decisions. New York: John Wiley/Sons 1999, S. 319-356. In: Fthenakis, W.E./Ladwig, A.: Homosexuelle Väter. In: Fthenakis, W.E./Textor, M.R. (Hrsg.): Mutterschaft, Vaterschaft. Weinheim, Basel: Beltz 2002, S. 129-154

Eggen, Bernd: Gleichgeschlechtliche Lebensgemeinschaften. Erste Ergebnisse einer Untersuchung im Rahmen des Mikrozensus. In N. F. Schneider & H. Matthias-Bleck (Hrsg.), Elternschaft heute. Zeitschrift für Familienforschung. Sonderheft 2. Opladen, 2002, S. 215-234

Eggen, Bernd: Kinder in gleichgeschlechtlichen Lebensgemeinschaften. http://www.familienhandbuch.de/cmain/f_Aktuelles/a_Elternschaft/s_985.html (Datum des letzten Abrufs: 08.08.2007) Aus: Gleichgeschlechtliche Lebensgemeinschaften - Gegenwart und künftige Entwicklung. Praxis der Rechtspsychologie 2003, Jg. 13, Heft 1, S. noch unbekannt.

Fthenakis, W.E./Ladwig, A.: Homosexuelle Väter. In: Fthenakis, W.E./Textor, M.R. (Hrsg.): Mutterschaft, Vaterschaft. Weinheim, Basel: Beltz 2002, S. 129-154

Hofsäss, Thomas: zur aktuellen Situation von Regenbogenfamilien. Ergebnisse einer Umfrage, 2000. In: Kämper, Gabriele/Lähnemann, Lena (Hrsg.): Regenbogenfamilien. Wenn Eltern schwul, lesbisch, bi- oder transsexuell sind. Hrsg.: Senatsverwaltung für Arbeit, Soziales und Frauen, Senatsverwaltung für Schule, Jugend und Sport, Fachbereich für gleichgeschlechtliche Lebensweisen. Berlin, S. 51-57 in Wegener, 2005, 54. In: Wegener, Andrea: Regenbogenfamilien. Lesbische und schwule Elternschaft zwischen Heteronormativität und Anerkennung als Familienform. In: Feministische Studien, Heft 1, 2005, S. 53-67

Hurrelmann, Klaus: Gewalt in der Schule. In: Schwind/Baumann u.a.: (Hrsg.): Ursachen, Prävention und Kontrolle von Gewalt. Analysen und Vorschläge der Unabhängigen Regierungskommission zur Verhinderung und Bekämpfung von Gewalt (Gewaltkommission), Band III, Sondergutachten, Berlin 1990, S. 363-379

Kirbach, Roland/Spiewak, Martin: Wenn die Eltern schwul sind. 31.12.2003, http://nurtext.zeit.de/2004/02/Regenbogen-Familien?page=2 (Datum des letzten Abrufs: 11.09.2007)

Nave-Herz, Rosemarie: Familie heute: Wandel der Familienstrukturen und Folgen für die Erziehung, Darmstadt: Wissenschaftliche Buchgesellschaft 1994; Wiederabdruck Darmstadt: Primus Verlag 1997; 2. überarb. u. ergänzte Aufl., Darmstadt: Wissenschaftliche Buchgesellschaft 2002.

Olweus, Dan: Gewalt in der Schule. Was Lehrer und Eltern wissen sollten – und tun Könnten. Bern/Göttingen/Toronto/Seattle, 1995

Patterson: o.A., 1995. In: Fthenakis, W.E./Ladwig, A.: Homosexuelle Väter. In: Fthenakis, W.E./Textor, M.R. (Hrsg.): Mutterschaft, Vaterschaft. Weinheim, Basel: Beltz 2002, S. 129-154

Sasse: o.A., 1995, 26/27. In: Fthenakis, W.E./Ladwig, A.: Homosexuelle Väter. In: Fthenakis, W.E./Textor, M.R. (Hrsg.): Mutterschaft, Vaterschaft. Weinheim, Basel: Beltz 2002, S. 129-154

Streib-Brziĉ, Uli/Gerlach Stephanie: Und was sagen die Kinder dazu? Gespräche mit Töchtern und Söhnen lesbischer und schwuler Eltern. Berlin 2005

Wegener, Andrea: Regenbogenfamilien. Lesbische und schwule Elternschaft zwischen Heteronormativität und Anerkennung als Familienform. In: Feministische Studien, Heft 1, 2005, S. 53-67